박용구 선생님 惠鑑

신 언 관 드림.

그곳, 아우내강의 노을

시와문화의 시집 016

그곳, 아우내강의 노을

신언관 시집

시와문화

■시인의 말

홀로 있음에 저를 속이는
탐욕으로 엉킨 손가락 사이로
거친 바람이 몰아 온다
고개 돌려 되돌아설 수 없다
벼꽃이 피었기 때문에

이 나이쯤 되었으면
바람 불고 비 오는 일
어지간해서는 얼굴 붉히지 않아야
벌써 세 잎이나 커버린
보리싹에게 부끄럽지 않을 텐데

2015년 늦가을
꽃의 미소가 머무는 곳, 화소정에서
신언관

|차 례|

제2부 물꼬를 보면서

제3부 마중

제4부 겨울나기

제5부 그곳, 아우내강의 노을

제1부

이른 봄 풍경

보고 싶다

동림산 끝 한 뼘 위
새털구름 사이로
샛별만 보일만큼 어둔 저녁
산비둘기 떼가 샛별 주위에 도열병반처럼
자국을 남기고 사두열산 쪽으로 날아간다

달 보고 기원하나
샛별 보고 기원하나
모두가 제 마음 다스리는 것인데
보고 싶다고 보아질 수 있는 것도 아니거늘
그리움이 비 맞은 재처럼 사그라들어
어둠 따라 잿물 되어 흐른다

마당에 멍석 깔아놓고
쑥으로 모깃불 연기 피워내면서
무솥에 끓인 애호박 누룽국 한 대접 먹어도
허기는 가시지 않는다
송아지 부르는 어미 소의 고함 소리에
외양간 수수깡이 흔들린다
싸리나무 사립문조차 없는

떠나간 빈 집의 들창문이 흔들거린다

저 다섯 종류나 되는
풀벌레 소리만 들리지 않아도
보고픈 마음 한결 덜할 텐데

봄밤

비는 댓잎을 스쳐 발목을 적시고
그 위에 매화 향이 머문다
별은 스멀스멀 자리를 감췄고
밤바람은 대숲을 붙잡고 가는데
뒷산 어름 어디선가
낯선 그리움의 노랫소리 들려와
견딜 만한 추운 몸으로 손을 잡는다
체온이 이끌어 주는 세세한 떨림은
기대 앉은 낡은 탁자를 흔들고
웅크린 몸 속에서 이따금 들리는 긴 숨은
쉽게 돌아볼 수 없는 기억으로
골짜기를 울리며 다가온다

꽃잎에 입술이 머문다
따뜻하다

봄비

밤이 새도록
잠 못 이루는 것은
밤새도록 그치지 않는 봄비 때문입니다

밤이 새도록
가슴 조이며 설레이는 것은
산천을 뒤흔들어 깨우는 봄비 때문입니다

밤이 새도록
보고 싶어 뒤척이는 것은
그대 손길처럼 전율케 하는 봄비 때문입니다

밤이 새도록
그리움에 맥 놓아 지쳐버린 것은
그대 입김으로 다가오는 봄비 때문입니다

패랭이꽃

늦봄 지나 샛별 더욱 빛나고
청보리 햇볕에 그을려 붉어질 때
바람 타고 온 입김
하늘목련꽃 향기로 뜰팡에 번지면
바쁜 걸음으로 그대 오시는가
뻐꾸기 한참이나 늦도록 짖더니만
어둠에 놓인 산의 고요함이
밤이슬 젖은 손등에 머물고
터벅대는 걸음으로 논둑에 서면
채워지지 않은 들판은
아직 그대로인데
이 길로 그대 언제 오시려나
언제 오시려나
패랭이 꽃망울이 예쁘다

이른 봄 풍경

수리 한 마리 들판을 난다
보늬빛으로 얼룩진 날개와 검은 발톱만 봐도
사방 한 마장 조무래기들은 그저 숨기 바쁘다

스타벅스 커피점 앞 아메리카노 향기와
그다지 다르지 않은
두엄탕 모락거리는 향기
그 속에서 꼼지락거리며 번식을 이어가는
지렁이 군단이 바빠지기 시작이다

여기저기 투닥거리는 경운기 발동 소리에
산수유꽃 망울망울마다
지난 겨울 품었던 기억을 담아 피우면
봄볕 쬐는 뜰팡에 앉아
한 해 농삿거리 걱정으로 잠시 일손을 멈춘다

까치집

외양간 옆 은행나무 꼭대기
내가 본 까치집 중 제일 크다
대단한 놈이다
아마 대단한 일이 생기려나 보다
–아버지가 오실까
은행나무 보고 싶어서

물오리 원족

엉덩이가 맷방석만 한 엄마가 앞서 간다
들바람 났는지 애비는 없다
우수 자란 벼포기 사이로 물주름이 펴지며
새끼 다섯이 같은 행로 같은 간격으로
줄래줄래 산내끼로 이어진 양 뒤따른다
저런 수다가 다시 없구나
내내 왁자하니 그칠 줄 모른다

올해도 영락없는
하구래 논배미의 행복이다

은비녀

어깨에서 겨드랑 밑으로
책보를 둘러메고
긔고개 뛰어 넘으면서
짐자전거 쌀장수 아저씨 뒤를 밀어주고
책보 속에서 양은 벤또가 달그락거리며
발걸음에 가락을 맞춰댄다
거먹고무신에 신작로길 먼지 풀풀 날리며
교실 나무난로 불 땐다고
솔방울과 광솔 책보에 따담다가
혹시나 진달래꽃 피면
문둥이가 생간 빼먹는다고
머리카락 곧추세우고 소리지르며 내달음쳤지

산 중턱에서 밑둥까지 늘어선
허물어진 묘지 옆을 지날 때면
암만 맹호부대 노래를 불러대도
아직도 서산이 먼 중간 토막 해라도
다리가 후들거리기는 매일반이었지
그렇게 달리다 보면
누런 코가 콧구멍 속으로 들락거리고

먼데 정봉역 기적 소리 희미하게 들려오면
서울이란 곳 꽃단장한 사람들을 생각했지

십 리 길 뜀박질에
굴뚝 연기 내는 초가지붕이 보이고
보리쌀 씻는 엄마의 낭자머리 은비녀에
저녁 햇빛이 비쳐
눈부시며 달려가 치맛자락 부여잡는다

2013년 3월 하순의 영농일기

며칠 반소매로 일할 만큼 따숩더니
춘분날인데 얼음이 제법 두껍게 얼었다
씨감자 한 상자 내기를 심었다
퇴비와 못자리 상토가 배달되었고
못자리 하우스 스프링클러 시설도 설치하였다
전날 우수 많은 비가 와서
보리밭 배수로 정리를 하고 나니
또다시 올 농사 걱정이 태산이다
지난주에 온다던 운광 보급종 씻나락은
아직 농협에 도착하지 않았다
새로 객토한 논 토양 농약 잔류검사 하려고
국립농산물품질관리원에서 시료 채취를 해갔다
우렁이농법과 손으로 제초하고
무농약은 물론이고 유기질 퇴비로만 농사지어야 한다
냇물과 관정에서 물을 품어 평탄 작업 준비를 한다
마사흙으로 객토했으니
올 가을부터는 보리 이모작을 할 수 있겠다
농업용 창고 지을 848번지 토목공사가 거의 끝나가고 있다

모내기 전에는 마쳐야지

다음 주 수요일엔 그 바다에 가야겠다

물바구미

논물에 맨발 적시기 썸성그를 때
산기슭 도랑에서 떼로 몰려오는데
모가지 땅에 닿은 세월이 어수선하니
비지땀 쓰라려도 되려 성하다
모잎 갉아 먹고
뿌리까지 달라 붙어 진을 빨아먹는데
파단살충제 슬쩍만 뿌려도 될 것을
돌림병 번지는 세상처럼
고집스럽게
눈알 부라리며 쳐다보고만 있다
논두렁에서 고함칠 수도 없고
굿판 벌일 수도 없고
애꿎은 물뱀에게 화풀이하는데
옆동네 남겨진 모라도 주워다
자꾸만 보식할 수밖에

당하면 당하는 대로
우리네 여태 그렇게 살아왔듯이

우렁이 넣는 날

모 심은 지 한 주일 넘으면
여지없이 풀이 내밀기 시작한다
초벌 재벌 김매기에 손톱 자랄 새 없지만
초기 중기 제초제 뿌리면
비록 땅의 숨구멍 막을지언정
손가락 자가품 날 일도 없다
장정 두 곱은 너끈히 해내는
상일꾼 다섯 대소쿠리 쏟아 넣는다
더러 제 본분 버리고 모 뜯어 먹는
불량한 녀석이 있게 마련
짝 찾는 것도 잊은 채
올무 가래 방동산이 봇풀 올방개 피 역구대 찾아
낮밤 없이 일하는 놈일수록
왜가리 백로 물오리에 잡아먹히기 일쑤다
요즘은 까치도 한 몫 단단히 거든다
이제 모가 제법 가지 벌어
더는 풀이 나올 수 없게 되면
제 할 일 끝난 우렁이는
물꼬를 타넘어 냇물로 흘러간다
오디만 한 분홍빛 알덩이 남겨놓고

지난밤 내내
–고산 윤선도 고택에서

머리 위
봄 햇빛이
노송(老松) 잔가지를 비춘다
부신 눈의 고독
어디서나 맞을 수 없는 웃음
아직 마르지 않은 마당의 운기를 살피며
비에 푸르른 뜰을 지나
고개 숙이고 뒤따라 걷는다
추녀가 바라보는 곳을 피해
해묵은 기와의 틈
감춰진 비밀을 찾듯이
툇마루에 성큼 올라서니
다가갈 수밖에 없는
나를 감싸고 있는 들녘의 따뜻함

지난밤 내내 쉼 없이 내린 비
지난밤 내내
쉼 없이 다가온 그대

등고(登高)

봄 날 폭우에
산벚꽃 향기
마을까지 내달음치니
그곳따라 취한 걸음걸이
밤길 걷는 소처럼 산에 오르니
발목 덮는 수북한 낙엽 속에도
쉼 없이 봄이 밟히는데
손짓하며 부르는 소리인가
산벚나무 두 팔을 치켜세운다

보리 이삭

눈 속에서
싹을 내밀고
서릿발 헤치며
뿌리를 내려
알 밴 대궁 속
어둠을 밀어내고
솟아난 보리 이삭
익어가면서도 모가지 세우고
이슬을 맞는다

왜가리

털수염 생김새 그대로 얄궂게 기묘한 균형을 잡으며 오리발 번지에 올라 흙탕물 속 튀어오른 소금쟁이 개밥두더지 미꾸라지 잡아먹기 열심이다 한두 번 해 본 솜씨가 아닌 듯 RPM 750으로 세차게 부숴대는 로타릿발 아랑곳 없다 그만 먹어도 될 텐데 써레질 끝날 때까지 아침밥 먹기에 분주하다 입에서 군내 안 나도록 말 건낼 동무 아침 햇살 말고 그나마 네가 있어 다행이다

엇배기

할 일은 칠월나무 다발처럼 수북한데
할 수 있는 거라곤
석양의 빛을 그리워하는 것이고
해 놓은 일은 고작 깨진 고무다라이 속에 담긴
흙 묻은 작업복 두 벌이다
어쩌다 운 좋게 이룬 것들도
탄저병 걸린 고춧잎처럼 그렇게 군시러울 뿐이다
팔이 저려오고 입이 말라가는
서툰 몸짓으로 욕심의 흉내를 낸다
나에겐 열혈(熱血)의 고함도 없고
능란한 철면(鐵面)도 없고
풍광(風光)의 아린 노래도 없다
나는 엇배기다
여러 날 허리 웅크리고 고개 젖혀가며
신통한 기원으로 빌고 빌면서도 다가서지 못했다
이제 풀벌레의 외로움을 알 때까지
기억 못할 것들은 버리고 싶다
통속의 눈물을 보이며
밤하늘 별빛으로 섬점이 남아 있는
때늦은 그리움만 품고 가겠다

더 바랄 것 없이
여물어가도 모가지 세우고 이슬 맞는
보리 이삭이고 싶다

찬바람 세찬 봄날에도

청명이 지났는데 눈발이 날리네요
올 보리농사가 걱정이지요
경운기 발동 걸어 부산하게 나대니며
해도 해도 끝없는 일거리 만들 때쯤이면
그런 일들이 봉창에 들어오는 돈과는
별반 상관 없음에도
농사의 꾼이라면 으레 그러려니 하고 해왔기에
손에 쥐가 나도록 뭔가 꼼지락거리면서
이곳저곳 전장(田場)을 쏘다니면
길어진 해만큼이나 성질이 조급해져
노을 바라보는 눈길조차 부담스럽지요

매꼬모자 꼬이도록 서풍이 불어제끼네요
할 수 있는 일이 많지 않지요
이룰 수 있는 꿈도 많지 않구요

제2부

물꼬를 보면서

물꼬를 보면서

알 밴 벼가
새벽빛을 머금고 있습니다
등줄기로 내린 땀이 무섭습니다
사람들이 웃으며 그 옆을 지나고
해야 할 일들이 뒷산 나무들처럼
빼곡이 들어차 있습니다.

유난 떨던 올 장마는 그렇게 넘어갔는데
며칠 만에 볏잎을 말려버리는 혹명나방,
대궁째 주저앉히는 문고병을 막아내며
새떼를 쫓아내야 하고
혹시도 모를 산짐승이 빠대지 못하게 하고
서너번 닥칠 태풍을 견뎌내야 합니다
별것도 아닌 것들이
어쩌다 한 번 세를 잡으면
걷잡을 수 없이 극성부리게 됩니다

어깨에 들쳐 멘 삽날 위로
새벽이 잠시 쉬고 있습니다
논둑 멍애미도 긴 목을 맥없이 늘어뜨리고

장횃발에 철벅이는 물소리 장단만이
넉넉한 타령 되어
아픈 시간의 매듭
흥으로 풀어 내립니다

6월 논둑에 앉아서

모가 뿌리 내리는 소리가 들리나요
논배미가 부글부글 끓고 있네요
포기 사이로 우렁이가 의젓하게
여덟 팔자 걸음으로 짝 찾으러 어슬렁거리네요
소풍 나온 제법 큰 물오리들도
미꾸라지 열심히 잡아먹으며
앞뒤로 크게 떠들며 지나가고요

모가 새끼 치며 크는 소리가 들리나요
어젯밤 봄비에 논배미가 조용해졌네요
어스름한 달빛조차 놓치지 않으려고
눈 뜨고 하늘 보며 밤을 꼬박 새웠지요
모 끝을 스쳐가는 바람 한 점도 아쉬워
가슴 내밀고 크게 숨쉬고 있지요

하늘과 땅이 나에게 주어진 것만큼
꼭 그만큼만 하렵니다

반딧불이

사방은 어두웠고
초가을 소슬바람 껴안으며
툇마루 앉아
밤하늘 별자리 찾아보다가
모깃불 연기 너머로
찾아낸 바로 그 빛
눈부시게 다가와
머리 위 한 바퀴 돌고
맨살 부벼 일군 꿈을 던지며
대추나무 가지 사이로 춤추며 날아
날아다닌 자국 더욱 뚜렷한데
하도 그리워
웅어리져 굳어지면 빛이 되는가
빛 되어 펄럭이며 날아갈 수 있는가

놋대야

손잡이 색경 보고 스스로 대견하여 웃다가 오리실 할머니에게 인사드리러 간 날은 아우내장 방물장수 니어카에서 구할 수 있는 참빗으로 물 묻힌 머리 정갈하게 빗고 있으면 물레 돌아가고 타래엔 실이 꽈진다 수수깡대로 목화솜 말아드리고 하품 몇 번 하면 할머닌 옛날 얘기 해주셨지 한 얘기 또 들어도 질리지 않았어 장승하고 장기 내기하는 총각 나무꾼 얘기를 난 젤 좋아했지 예쁜 각시 맞는 비법이 숨어 있었으니까 올 봄 심은 주목이 가뭄에도 살아있어 고맙다 뽀인 잣나무 베어내고 나니 제자리 잡은 적송이 늠름하고 삼위를 감싸고 있어 아늑하다 제절과 활개석은 성한데 봉분엔 띠와 제비꽃, 할미꽃이 극성이라 잔디가 많이 상했다 망두석 다람쥐 길다란 꼬리는 십이간지 둘레석 어느 부적보다 할머니를 더 잘 지켜줄 것 같다 상석 비문에 붙은 벌레집 떼어내고 혼유석 위 산짐승이 흩어 논 흙을 쓸어낸다 할머니가 무슨 띠였더라 막내고모는 알겠지 손자 머리카락 한 올도 헛되이 안 버리고 꼭 가져와 고쿠락에 태우셨던 지성으로 빌고 바랬던 손자의 절을 알아보실까 오리실 산소에서 돌아와 할머니 쓰시던 놋대야를 수세미로 반짝하니 닦아 실경에 얹어 놓았다

피사리

제법 가지 벌은 벼포기 사이로
바짝 붙어서 숨겨진 피를 찾는다
우렁이 잡아 먹으려
소나무 등걸에 앉아 기다리고 있는
백로 몇 마리가 지껄여댄다
–이 땡볕에 피사리하는 종족이 아직도 있네
–그냥 둬도 별거 아닐 텐데
–그래도 저게 씨를 퍼뜨리면 내년이 문제지
–마세트 줘버리면 깨끗한데
–유기농 농사가 어디 그리 만만한가
–다 가짜라는데
–해보지 않은 사람들이 척하는 입놀림일 뿐이지
볏잎 끝이 날카로운 송곳처럼
모가지와 팔뚝을 찔러대다가
순간 눈알에 슬쩍 닿기라도 하면
십 리 걸어갈 동안만큼
여름 햇빛이 뿌옇게 가물거린다

약첩 들고 산 삼십리 초행길

두무실 웃말에서 사람 하나 간신히 들고나는
산적 나올 법한 길로 산 오르면
징게미 많은 방죽이 있고
서림산 자락 등성 두 개를 넘어
내리막 모퉁이를 돌아 오른편으로 접어들면
진외가 구두실이 삐중하니 보인다

까닭없이 처녀가 빠져 죽었다는 방죽이며
빚 못 갚아 목 매달아 죽은 산 중턱 느티나무며
홍역 앓다 죽은 아기 파묻은 봉분 없는 무덤이며
낮에도 밤에도 떼귀신이 몰려 다닌다는 행성집을 지나야 한다

열다섯 살 때 아버지는 말로 삼십리 산길을 가르쳐 주고
내가 한 번도 가보지 못했던 길로
황달에 좋다는 무슨 한약 봉지를
진외가댁에 심부름 시켰다
간이 좁쌀만 해지고
버스럭 잔가지 꺾이는 소리에 머리카락은 치솟고

날선 골바람 콧물을 옷소매로 문질러 닦으며
떨리는 큰소리로 노래 지르며
모래 뿌리는 여우보다 잽싸게
짚동가리에 웅크린 늑대보다 더 빠르게
머리 없는 귀신 물리칠 돌막을 움켜 쥐고 산을 넘었다

예안 김씨 집성촌 구두실에서
열여덟 살 키 크고 얼굴 갸름하고 예쁜 색시가
가마 타고 이 길 따라 자포실로 시집왔겠지
아침 먹고 집 떠나 진외가댁에서 점심 먹고
왔던 그 길로 되짚어 돌아오는데
가고오는 길 사람 하나 만나지 않았다

하모니카

손엔 고삐를
주머니엔 하모니카를 만지작거리며
소 끌고 강변 뚝으로 간다
두 달 된 송아지에 젖을 물리면서
가끔은 성가신 듯 머리 흔들어 혼내키기도 하면서
어미는 연신 길가생이 풀부터 먹어댄다
미루나무 낮은 가지에 매미는
줄기차게 소릴 질러 해를 떠민다
늦은 오후의 햇빛이 어미 목덜미에 젖어 있다
소나기 한줄금 하려나
말똥구리와 물새, 율무기와 방아깨비가
용케도 소발바닥을 피해 달아난다
재채기 하는 걸 보니
강으로 나가 물을 먹여야 하는가 보다

능골 산자락이 붉어온다
안산 엄마 산소가 외풍밤나무 사이로 어둑히 보인다
강바람 실어 하모니카로 노랠 부르면
배부른 소가 서니빈 소리처 송아지를 불러
집으로 돌아온다

보리마당질

이삭이 고개 내밀기 무섭게
물결의 파도에 가슴 설레이게 하더니
어제 만든 둥구먹처럼 상큼하게
치장을 끝내고 뽐내고 서 있다
된서리에 잎이 녹아들고
북풍의 추위에도 뿌리만큼은 굳게 지켜
겨우내 쌓인 눈 속에서도
제 모습을 잃지 않으려 했다
독새풀 속에서 향기를 간직하며
깜부기의 허튼 유혹도 뿌리치고
지금 이렇게 서 있는 그대가
자랑스럽지 아니한가

고기 바구니

투망을 던져
한 사발 내기
붕어 피라미 모래무지 건져 올린다
혹간 기름챙이 올라오지만 도로 강물에 던진다
팔붕어도 강물에 던진다
왜 그러는지 오랜 사람들이 하던 그대로다

댕댕이 넝쿨 고기 바구니에서
비늘 같은 햇볕이 떨어진다
한낮에 데쳐진 그리움의 비늘이 번뜩인다

산에서 양팔 가득 뜯어온 댕댕이 넝쿨로
돔부 까던 일 멈추고
할머니는 놀랍도록 쉿닥 만들어냈다
몇 겹을 돌돌 말아
한결 튼튼한 손잡이도 예쁘다

내일 비가 오면
산너머 오리실
할머니집 망초대라도 뽑아야겠다

태양초

한 점 젓가락으로 삼키는
김치에 묻은 붉은 반점에는
오금쟁이 무릎 신음 소리
입 안 매콤한 향기는
팔월 햇빛에 쩌든 고약한 숨냄새

정월 대보름 달빛에 싹터서
어린이날 들판에 뿌리 뻗어
지주목 삼 단 끈에 무거운 몸 지탱하고
군더더기 곁순 세 번 벗겨
헛고랑 잡초 뜯고
꽃 속에 숨어든 총체벌레
수냉이 빨아먹는 진딧물과 응애 견디고
바이러스 탄저병균 이겨낸 후
양손 가득 움켜쥐어야
붉은 빛으로 오십원 동전의 장이 서는데
밭고랑에 주저앉아 굽은 허리 못 편 채
앉은뱅이 걸음으로 숨 헐떡이며
그래도 고추를 딴다

둥지

잘려나간 풀섶 위로
누런 핏물이 튀어 오른다
멈칫하는 순간
예리한 칼날이 논두렁 흙 속에 박히고
휘발유 타는 엔진의 숨이 멎는다
칠월 한낮의 달궈진 바늘이
살을 파고 들어간다
앞가슴 범벅이 된 땀이 얼어붙는다
풀 깎는 때를 놓쳐
너무 키운 것을 탓해야 하나
생명 살리는 농사짓는다고
크라목손 안 뿌린 것을 탓해야 하나
잃고 얻는 섭리의 조화인가
햇빛 부셔 희미하게 보이는 곳
뽕나무 그늘 밑에서 뜸부기가 퍼덕거린다
울음소리도 들리지 않는다
모든 것 다 지켜봤을 것이다
파편으로 산산이 흩어진 알껍질
그것이나마 주워보려는 것일까
떠나지 못하고 있다

농사 짓는 나처럼 미련한 녀석
어쩌려고 이곳에다 둥지를 틀었는가

수잉(穗孕)

이삭을 잉태한 벼가
제 잎을 스스로 더 푸르게 만들어
뜨거운 여름 해를 받아들인다

잇속을 버리지 못하고
섭리에 맡겨둘 지혜가 모자라
사소한 상처에 안절부절 조급해하는데

생각은 마름꼭지보다 날카롭게 비켜가고
바람 불어와 그렇게 몸 맡기면
어떻게든 세월에 맞게 변해가는 것을

탈출

남매봉 여우골 계곡따라
음험한 귀신들이 산발하고 몰려와
사방을 둘러싸고 장난하며 희덕거린다
숨이 가빠지고
터질 듯 머리가 아파온다
짙은 녹음, 동굴 안 한 켠에
밝힐 불조차 잃어버리고
작은 틈새로 들어오는 공기조차
사람이 들이쉴 것이 못 된다
간신히 한 숨 마시니 이빨이 몽창 빠져나간다
벼름박에 등 기대고
무릎 사이 얼굴 묻고 있으니
어딘가 희미하게 새소리 들린다
땅속 두더지 지나가는 소리도 들린다
그 소리 나는 곳으로 줄달음쳐 탈출하니
왼편 가슴 노란색 표찰에 가시가 돋아 있다

어둠 속
차마 떠나지 못하고
이마에 흐른 땀을 훔쳐낸다

낟알

비와 바람과 달과 해가 조화(造化)를 부리고
바라보고 보다듬고 껴안아준 근육이
땅에 녹아들어 생겨난다
소리와 입김으로, 표정과 눈빛으로
흥분과 전율로 그렇게 생겨난다

그대 뱃속 태아와 똑같은
내 뱃속 태아가 자라고 있다
화려한 잉태의 늦여름
천둥이 지나고 영글어간다

새벽 인(寅)시 되어
어김 없이 꿈을 꾼다
고개 넘어 들판 지나 강 건너 산에 올라
그대를 품어 안는 꿈을 꾼다

결국 낟알은 그 하나하나
그리움이 응어리져 맺히는 것을

이름

하루에도 수십 번씩
가슴으로 불러보는 이름이 있습니다
이제는 그 이름이
밥마냥 양식이 되었습니다

콩타작 할 때는 소리내 불러도 됩니다
들깨 도리깨질 할 때면
장단 맞춰 그대 이름 부릅니다
거무산 꼭대기 올라 큰소리로 외치면
나무와 나무 사이 소리가 박혀
산아래 사람 사는 마을 보이질 않네요
이름 부르고 하늘 올려다보면
으레 그대는 웃고 있지요

하루에도 수십 번씩
속으로 되새김하는 이름이 있습니다
이제는 그 이름이
내 이름으로 되어가고 있습니다

제3부
마중

제비

이제 더 이상 제비는
추녀 밑에 집을 짓지 않는다
광케이블과 기지국 때문인지도 모른다
구렁이와 까치독사가 없어져
어디서나 알 낳을 수 있기 때문인지도 모른다
아니 추녀 밑에 깔린 수북한 똥무더기를
사람들이 싫어하기 때문일 것이다
마이너스 통장에 비친
충혈된 눈이 무섭고 부담스러웠는지도 모른다

초가을 들판을 휘젓는
아찔하게 날쌘 무리의 춤판이 끝나면
방금 심은 벼포기 마냥 가지런히 숨을 고른다
먼 길 떠날 채비를 하면서
봉송의 손짓 아쉬워
동네 뒷산에서 강뚝까지 몇 바퀴 더 돈다

어디서 새끼를 길렀는지 사람들은 모른다
어쩌다 풍속을 못 버린 늙은 제비 말고는
더 이상 사람의 집에 같이 살기를 거부한다

때 되어 반갑게 맞이하고
때 되어 기쁘게 이별하는
순리(順理)를 잃었기 때문인지도 모른다

처서와 백로의 중뜸에서

거름기 물기 없이 여물면
벼는 근수가 시원찮게 나가게 마련이다
듬직한 몸피를 알아보려
방화골 논으로 자꾸 발길이 머문다
겹포개진 두꺼비마냥 보면 볼수록 탐스럽고
탐스러울수록 더 보고 싶어진다
이렇게 바라보는 것이 그리움인데
그것은 종내 가질 수 있기 때문만은 아니다

논 옆 한 귀퉁이 제방뚝
올밤나무는 제법 아름이 벌어
풀숲에 알밤 몇 개를 쏟아내고
몇 송이는 벌어진 채
떨어지지 않으려 안간힘을 쓰고 있다
송이 벌은 알밤 바라보는 즐거움보다
인내하며 손바닥으로 움켜쥐는 것
그것은 입 속의 단맛을 맛보는 유혹 때문만은 아니다

한때 일출을 좋아했던 그대가

매일 저녁 석양을 그리워하는 까닭은
백 가지 곡식 중 으뜸으로
꼭대기에서 여무는 저 높은 수숫대가
알맹이를 날려버리는 돌풍과
새의 표적을 견디지 못하여
이렇게 고개 숙이지 못하고
퇴색한 혁명의 깃발처럼 서있기 때문만은 아니다

메꽃

물 젖은 비단의 방에서
연보랏빛 살결 느끼며
포근함에 눈물 훔치기도 하지요
반 마장은 내달음칠 향기를 내뿜고
해질녘 나팔 소리
석양이 들려오지요
굳어진 멍울 지탱하며
기다림의 아침을 떠나
꽃의 미소를 품고
남겨진 기억 속으로
무서리 따라 떠나야 하지요

가을비 그친 밤

왼종일 질척이던
가을비 그친 밤하늘
상현달을 가린 망사(網紗)구름이
흐르다 잠시 멈춘다
죽은 나뭇가지 그림자가
몸을 찌른다
풀벌레 소리 고요하다
도랑물의 중얼거림을 안고
안개가 들을 덮어 오면
떨리는 입술에 소름이 돋는다
걸음을 떼놓을 수 없다
불러야 할 소리도 낼 수 없다
남서쪽에서 날아온 반딧불이
향기로운 빛을 영상으로 남기고
스쳐 떠나간다
젊음이 떠나간다

마중

반달 뜨기 전
저 서림산 고개 너머까지
그댈 맞으러 갈 수 있을까
날은 어둡고 손발은 묶여
기억의 길 찾아가야 할 텐데
자빠져 무릎이 깨인 채
기어서라도 마중가야 할 텐데
쓰러져 마주 본 달맞이꽃이 서럽다
웬간하면 잠시 숨 돌려 걸음을 멈추라던
산허리 날던 산새 소리도 무겁다
저 고개 너머에
그리운 사람이 있다는데
비 쏟아지기 전에
그댈 맞으러 갈 수 있을까

가을 강변에서

숨막히게 그리워
강은 내게로 흘러내리고
저녁 해를 견디지 못해
산은 그림자로 강을 덮는다

뼈와 살이 녹아
형체조차 잃어버린 산의 꿈이
강물이 되어 나를 감싸안는다

나에게 올 수 없고
내가 갈 수 없는 산이기에

숨막히게 그리워
강은 쉼 없이 스쳐 지나고
창화(唱和)의 노래가 되어
가을 밤을 맞는다

*창화(唱和) : 한 쪽에서 부르고 다른 쪽에서 화답함

갈독사 잡기

더운 열기가 아직 가시지 않은
가을 햇빛과
모레 쯤 비가 조금 올 듯한
그런 가을 구름이
번갈아 종일토록 등줄기 땀을 받아냈다
한가위 지난 다음날
강변밭에서 팔팔땅콩을 뽑다가
몇 고랑 남은 것마저 끝내려다
아직 달은 생겨나지 않았고
바람은 멎었고
뒷산 어둠이 손쉽게 다가올 즈음
경운기 라이트를 켜고
땅콩 여섯 가마 하우스에 널어 놓고
흙투성이 봉두난발하고 대문을 들어서려니
족히 삼 년은 묵은
넉 자는 훨씬 넘어 보이는
시커먼 독사가 울 안으로 들어오고 있었다
고무장화로 대가리를 밟으려다
그 크기에 섬뜩 망설이다가
고개를 두리번두리번

손에 잡힐 수 있는 무기를 찾는데
낫과 삽과 쇠스랑은 보이지 않고
그 흔하디 흔한 선호미 한 자루 없는데
물바케스가 손아귀에 들어왔다
내리치니 바르르 떤다
한 번 더 내리쳐 확인 사살을 한 후
기록영화 궁정동을 순간 떠올리다가
하품 한 번 할 짧은 시간의
긴박한 긴장에서 풀리니
늘어진 시체를 보름달이 비춘다
상여 뒤 곡(哭)하며 따라가던
상주가 독사를 만나면
짚고 있던 지팽이로도 죽여야 하는 법이라고
댓진내 풀석이는 사랑채에서
가마니 짜고 멍석 만들면서 큰소리 치던
아저씨들 모습이 보름달에 겹쳐 보인다
감히 울 안으로 들어오려 한
액운을 물리친 무당의 기상(氣像)으로
뿌듯한 미소를 올려보내며
허리에 두 팔을 얹는다

공공 비축미

군불 때며 쇠죽 끓일 때
동풍이 불어 불이 내면
암만 풍구질 해도 눈이 매굽는 것처럼
콤바인 위에 올라 벼를 베면
궁글통에서 거꾸로 뿜어져 나오는
티겁시와 몬대기가 눈을 쓰라리게 하여
앉아서 운전하지 않고 서서 하기 태반이다

이 세상에 안 어려운 일 있을까마는
농사일 중에 가장 힘든 일이 가래질 삽질인데
들 건너편에서 일하는 모습 바라보면
그보다 더 한량이 없다
벼 베는 일도
유람가는 사람들이 썬팅된 승용차 너머로 보며
신선놀음이 따로 없네
요즘은 기계가 다 하는데
이렇게 아는 체하기 일쑨데
한마디 덧붙여 농사는 건달농사가 더 잘된다고 유중
떤다

공공 비축미! 젠장 빌어먹을
알아 먹지 못할 말은 그렇다치고
십년 전 매상 값보다 헐한 올 공공 비축미 값을
아는 사람 몇인가
어쨌거나 올 벼베기는 오늘로 끝일세 그려

마무리

입추(入秋)의 문턱을 넘어
산의 푸르름이 제 빛을 마무리하고 있다
들판과 산굴멍의 곡식들도 여물기에 느긋하다

젊은 날,
비와 바람과 달빛과 어울려
치켜 들었던 깃발은
저 달팽이 더듬이 위에서
잠시 휘날렸을 뿐이었던가

힘겹게 비쳐오는 마무리의 빛에서
억울한 헛기침을 토할 수밖에 없지만
그래도 아니라고 손사래 치며
그리워해야 할 많은 날들이 꿈틀댄다고
머리 위를 나는 새떼를 불러 모은다

그리움이 여물어
겨울을 나는 양식이 될 수 있다면

갈바람

흐르다 잠시 멈춘 강으로
소리치는 뜨거운 입김이 스며들어
그곳에서 바람이 생겨나고 불어와
가을을 미치게 한다
이곳까지
안마당을 거쳐
한쪽 엉덩이만 한 오동나무 잎에
멈칫멈칫 잎 사이를 주섬거리다가
뜰팡 지나 내 기다리는 툇마루까지
왜 이리 더딘가
바람 묻어온 별빛 스치면
별빛 묻어온 바람 스치면
살갗이 쓰라린다 부르르 떨린다
잠시 눈 감고 하늘 바라보니
어느새 미친 갈바람은
들창문 넘어 뒷산으로 달아난다

비홍답설니(飛鴻踏雪泥)

새벽닭 홰치는 소리에
일부러 큰 소리 내 문 열고 뜰에 나서니
늦비가 마구잽이 나를 때린다
두멍배미 뚝으로 깜깜한 비 맞으며 걷는다
야트막한 가슴에 무슨 사랑이 담길 수 있느냐고
가을 늦비가 막무가내 나를 때린다
그렇게 한 세상 지나가는가
눈진흙 위의 기러기 발자국인가
억울할 데가 이보다 더할 수 없다
허나 모든 것 다 내 창자에서 비롯된 것을
감히 누구에게 고함칠 수 있나
이제 한 가닥 실내끼라도 붙잡을 수 있다면
늦지 않았다
네 배를 갈라 창자를 꺼내 보아라
그 속에 조금이라도 보랏빛 그리움이 보이면
여물어 가는 가을의 화려함으로
그대를 맞이할 수 있겠구나

달맞이꽃

무더기로 핀 밭둑에 등 기대어
힘 없이 주저앉아 써놓은
이별의 편지
지난 보름밤의 새벽이슬로 맺혀
누런 꽃잎 범벅이 되어 사라진다

나는요
차마 달을 바라 볼 수 없어요
태어나기 훨씬 그 옛적부터
달이 내 눈을 훔쳐갔어요
꽃잎에 스쳐오는
그대가 비추는 차가운 빛으로
내가 맞이할 그대를 느낄 수 있지요
감춰진 속곳으로 달빛이 스미면
아침이 오기 전
이별이 멀지 않은 것도 알지요

물꼬를 트며

상강(霜降)의 새벽 바람이
삽자루 멘 어깨에 스쳐 머물면서
성가신 수염만 자라고 있구나
지난 밤 멧돼지가 파헤쳐 버린
물 빠진 보리밭 논두렁은
그것이 여름 내내 두렁이었다는 것을
알아보기 어려울 만큼 그렇게
늙은 아비의 주름 팬 얼굴처럼 되어버렸고
묻어놓은 보리 후벼파서 먹느라
한껏 후정크려 놓은 물오리 떼가
고함소리에 놀라 돛대산 쪽으로 날아간다
될 성싶지 않아 보이는 듯한
보리밭을 한 바퀴 터덜거리며 돌아보면
그래도 명년 망종(芒種)을 기다리는
탱탱한 보리 싹이 양식은 될 만큼 터올라
비할 데 없는 늦가을의 푸르름에
두 팔로 삽자루를 잡는다

불당 가는 길

아침 해 가로지른 까마귀
안산 서쪽 하늘에 하현달 내려놓고
보이는 산과 들과 하늘이 내것이라 소리친다
어느새 가새보리 된 보리밭 지나
망해버린 배나무 따비밭 스치면
된서리 물방울로 녹아
자목련 낙엽 위로 떨어지는 노랫소리 들린다
오르지 못한 칡이 맥없이 처져 있고
열매 없는 망개나무는 기를 쓰고 푸르려 하는데
잎이 있으나마나 한 싸리나무는 그냥 그대로이고
손타지 않은 고사리가 상수리나무 밑에 듬성하다
금방이라도 쓰러질 것 같은 두 돌탑 지나면
양편 골짜기 돌 틈으로 내리는
물이 합치는 시린 소리
합방(合房)을 기다리는 늙은 사내의 하소연일까
정성이 부족한 한 자도 안되는 나무등걸에 앉으면
길 가 몇 송이 들국이 반갑게 웃는다
목욕하는 여인 떠올리며 웃는다
늦가을 산길, 이제 멀지 않은 불당
서너 걸음만 가면 되는데

산불

샛별을 본 지 한참 지났고
보름도 아닌데
당고개 동녘 산이 훤하게 밝아온다
비 개인 구름 사이로 반달이
언뜻 비치다 사라진다
하루 온종일 볏단 떠다닐 만큼
가을비 내렸는데
산불이 났을 리 없다

이 밤에도 환하게 불 밝히고
누군가 골프 치고 있구나

하늘은 맑은데

병든 감
떨어지는 소리에
놀란 토끼가
외양간 추녀 밑으로 숨는다

그리움이 병 먹어 떨어진다

감출 곳 없이
마른 가슴 쓸어내리며
천 길 땅 속으로
기억을 헤집고 다닐 뿐

병든 그리움이 한없이 떨어진다

때

가을일 서두르는 놈 낳지도 말랬다고
그렇게 귀 닳도록 들어 왔는데
보리농사도 쌀농사 못지 않으니 어쩔 수 없지
서둘러 콤바인 끌고 벼 베러 나간다
아직 청치가 많은데 도리 없지
입동 전 가새보리는 되어야 하니까
지난 해 가을날 계속 궂여
그뤄질만 하면 비 오고
또 비 오고 해서
파종 때 잡지 못했더니
이듬해 봄 출수 안 된 꼴이라니
그냥 로타리쳐 버렸지
그래, 농사는 때가 젤 중한 것이야
세상살이만치나 그렇지

제4부

겨울나기

보리 싹

쌓인 눈 속에서
망종(芒種)의 화려함을 꿈꾼다
내가 내린 뿌리의 깊이가
분노의 얼음보다 두껍게 내려
반드시 찾아올 봄을 기다리기에
석 달의 겨울이 길지 않았다
들판의 바람이 일궈낸
청보리 물결의 곡우(穀雨) 잔치가 멀지 않다
그날에 그대를 초대하여
내 몸의 관능을 뽐내려 지금
싹을 내밀고 있는지도 모른다

동지제(冬至祭)

하늘이 둔갑하여
태양이 화염을 뿜으며 태어난 날
그리하여 한 해를 만들어 내고
그 처음의 하루를 맞이한다
북(北)으로 손 모아 허리 굽혀 절한다
지난 한 해 곡식을 만들어 주심에 감사하고
동(東)으로 손 모아 허리 굽혀 절한다
산과 들에 한 줌 흙덩이로 숨쉴 수 있음에 감사하고
남(南)으로 손 모아 허리 굽혀 절한다
사람과 사람이 살을 섞어 살아감에 감사하고
서(西)쪽으로 손 모아 허리 굽혀 절한다
바람과 비를 잠시도 쉬지 않고 내려주심에 감사한다
들풀 하나, 살점 하나, 이슬 한 점
그 모든 것이 한줄기 빛으로 생겨나
그 빛의 간절함을 알게 해 주시거늘
태양의 생일에 제배한다
오늘로 한 해의 문이 다시 열리거늘
내 살아있음을 축원하고
또 한 해 살아갈 내일의 축복을 기원하며
사시(巳時)에 제(祭)를 올린다

겨울나기

불당 지나 물치기산으로 새끼 데리고 오른다
오리나무와 산밤나무 가랑잎이 아프게 부서진다
제 몸 감추기 어려운 겨울이 다가오니
사방 삼십리 이 근방에서 덜 두려운 곳으로 올라야 한다

여름날 저녁 해 넘기 전
웃말 논가에 새끼 데리고 왔다가
늙은 삽자루에 놀라 새끼 놔두고 안산으로 내쳐 뛰었다
또랑 건너 한달음 내달려 뒤돌아보니
새끼는 물꼬 옆 풀숲에 쪼그려 네 다리를 움크려 감추지만
누런 털 감추기엔
깎아진 퍼런 논두렁풀이 선명하니 어줍잖기만 하다

사랑이 본능만으로 감춰지지 않는 것처럼
생명이 본능만으로 감춰질 수 없다는 것을 알았을까
달 뜨도록 안산 도랑에서 같이 허우적거렸다

물치기산은 가파르고 바위가 높다
헤집고 움직이지 못할 만큼 나무가 많다
한 밤에도 스님의 독경소리 희미하니 들리니
감출 자리 감출 사랑이 그래도 있다고
고개 숙이며 오른다

군불

내가
푸른 청솔가지 타면서 내는
연기를 좋아하는 까닭은
제 몸을 태워도 빛을 잃지 않으려는
연기의 푸르름 때문이다

화염을 바라보면
그 속에 자신의 어리석은 모습이 보인다
진저리치는 불의 형상에
후회할 많은 기억들이 보인다

내가 군불 때는 것을 좋아하는 까닭은
화염이 구들을 덥혀
망자(亡者)의 체온을 따뜻하게 할 수 있어
내 살아갈 흔적을 바라볼 수 있기 때문이다

겨울 바다

긴 숨 몰아쉬니
가슴 한복판이 바다에 떠 있네요
낯설지 않은 창문으로
겨울바람이 몰려와 머리 속이 환해집니다
바닷가 잔설이 드문하게 모래에 남아 있고
감히 헤엄쳐 갈 수 없는 거리에 섬이 있고
한쪽으로 등대가 보이고
숨 멎은 듯 바다는 고요합니다
그대 숨결, 그대 심장소리 들리네요
벌거벗은 몸으로
부끄럼 없이 바닷바람 느낄 수 있어요
손 끝에 저며오는 보드라운 살결이
조심스럽게 너울거리며 날아다닙니다
파도소리와 갈매기 노랫소리가
해송 나뭇가지 꼭대기 쌓인 눈에 녹아드네요
금방내 또 다시 눈 내릴 듯한
늦은 오후의 상큼한 햇살이
그대 얼굴에 가득하네요

땅

아버지, 고맙습니다 죄송합니다
사당보며 하루에도 수 차례 이렇게 말하죠
단 하루도 그렇지 않은 날 없었어요
살아가는 대소사 선택이나 결단이 어려울 때
그땐 아버지는 어찌 했을까 물어보지요
초점이 흐려진 눈에서 흐르던 그 눈물을 기억합니다
하잘 것 없는 것이 인생이라고
살기 어려우면 땅 팔아서 써도 된다고
허망하고 허망한 것이 삶이라고 말씀하셨죠
아버지 지청구소리가 지금도 선합니다
내 서른살부터 오십까지 늘 걱정이셨지요
불고가사(不顧家事)하고 전국으로 쏘다니기만 하고
누가 알아주지도 않고
하다못해 농사꾼들도 알아주지 않는 일이라며
늘 마음 상하여 살으셨지요
징역살이, 도발이, 현상수배, 임의연행, 구류, 즉결심판, 밀착감시, 도청, 동향보고…
이것 말고 내 무엇 하나 제대로 한 것이 없으니
지청구는 울화병으로 도졌고
뉘집 자식은 미국 유학 가서 박사 따서 대학 교수 되

고

뉘집 자식은 대학병원 의사 되고

뉘집 자식은 농협 가고 재벌회사 간부 되고

뉘집 자식은 국회의원 되고 청와대 가고

뉘집 자식은 집 사고 땅 사고……

이십 년 지청구를 눈물 한 방울로 용서하셨지요

어차피 인생은 허망한 것이라 하시면서 용서하셨지요

자식의 부담을 덜어 주려고 땅 팔아도 된다고 용서하셨지요

그러고는 석 자 흙 속으로 들어가셨지요

아버지가 장만하고 좋아하셨던 유미논

바로 그 옆에 붙은 조그만 땅을 오늘 샀습니다

아버지, 고맙습니다 죄송합니다

오늘따라 불이 낸다

귓불을 뜯어내는 겨울바람에
구상목 등걸에 붙은 눈얼음이 떨어져
흠칫 들고양이가 멈칫한다
사흘째 내린 눈에 동녘 기운 소나무가
겨우 버티다 밑동부터 부러졌다
그대의 소식은 산길처럼 끊어졌다
벌목한 당산의 잡목 숲 소나무를
산꼭대기에서 밭뚝 언저리까지 내려오며 세어본다
편지를 기다리며
소피증 걸린 사람처럼
문 여닫고 문지방 들락거린 숫자보다 많지 않다
결코 들릴 수 없는 먼 강물의
굽어 흐르는 소리도 들린다
한자락 경쾌한 웃음이 들린다
그 많던 산짐승들도 어디론가 가고 없고
매 한 마리가 슬쩍 보이는가 싶더니
산 너머로 사라졌다
무릎께 밟히는 산길 눈 속을
해거름 되도록 헤집고 걸었어도
가슴속은 비었는데

몸은 점점 무거워지고 있다
오늘따라 굴뚝으로 빠지지 못하고
아궁이에서 내는 연기가 매굽다

소식을 기다리며

겨울 내내 마른 서걱한 억새가
바람에 슬쩍 하늘거리다가
제 몸 이기지 못하고 주저앉아 버리네요
잠시 쉬려던 꽁지 긴 새가
발 딛지 못하고 그냥 날아가 버립니다
촘촘한 동네 지붕 사이로 검은 연기 오르며
어두워지는데 오늘도 소식이 없네요
하늘 올려다보고 몇 걸음 걷다 멈추고
눈 수북한 들판 바라보며 긴 숨 내쉬니
강 건너 무중골 뒷산이 갑갑해 보입니다
어디선가 엽총 사격 소리가
골짜기 가로질러 산을 떠메고 울려옵니다
그대도 나처럼 걱정하며 기다리겠지요
일상을 찢는 파열음이 무섭기까지 하네요
한 줄기 선만 희미하게
하늘을 그어놓은 산의 윤곽만 남아
가슴처럼 어두워집니다
더욱 그리워집니다

생나무 장작

만날 날이 멀지 않은데
억눌려진 그리움으로 신열이 돋는다
형용할 수 없는 아름다운 모습에
떨리던 몸이 부풀어 올라
볼이 저절로 움츠러들어 입술이 모아진다
입안의 단맛으로
처음 알아낸 오감의 신비로움으로
팔 벌려 긴 숨 몰아쉬며
겨울 문턱에서
생나무 장작 불꽃 되어 타오른다
화염 속에 살이 흘러내리고
불러보는 숨결이 녹아든다

쇠잔한 어깨에
쉬 가버린 세월이 얹혀져
장작 위에 물기가 번진다

아시나요

기억하나요
사랑방에서 산내끼 꼬고 가마니 짜는 소리
안채에서 물레 잣고 다듬이질 하는 소리
외양간에서 젖 불은 어미 소 송아지 부르는 소리
뒷산 부엉이 짝 찾는 소리
처자들 밥 훔쳐가는 솥뚜껑 소리
아우내 강물 흐르는 듯한 아버지의 시조 읊는 소리

지금은 생각의 저편
몸 한구석 어딘가 틀어박혀 있는 그 형상들은
숨가쁜 가슴 비우고 싶을 때
쉬 떠오르지요

삼여(三餘)의 으뜸인 눈 쌓인 겨울
윗목 고구마광이 그득하고
장광 옆 땅 속 독에 짠지가 서너 단지 있고
나뭇광에 칠월나무가 가득하고
장독대에 된장과 지렁물이 묵어 있고
짚동가리가 두 길 이상 높이 얹혀 있어
겨울 채비가 웬간히 든든해지면

새로 해 이은 눈 쌓인 초가지붕 추녀엔
고단한 휴식이 장정 팔뚝만 한 고드름으로 잠들어
섣달 겨울의 긴 밤으로 새겨졌음을
그대는 아시나요

지금은
바람과 햇빛도 예전 같지 않고
입김과 눈빛은 더욱 감내하기 어렵나니…

기도

강물에 비친 아침 햇빛에 몸을 달구고
움켜쥔 손으로 꿈을 펼치며
이뤄야 할 내일의 소망을 기원한다
어딘가에서 흘러 여기에 와
내 입김을 호흡하고
다시 어딘가로 흘러가야 하지만
버리고 다시 채울 수 없기에
깊이 들이쉰 숨 조각들이 쌓인
응어리를 털어내지 못하고
오늘도 강물 건너편 능골 바라보며
가슴에 고개를 묻는다

꿈도 늙어가는구나

새해맞이

하루가 지나고
그렇게 또 가을이 지나고
큰 소리 한 번 못 지르고 나니
일 년이 훌쩍 가버린다
가생이부터 얼기 시작한 강물이
건너뛸 수 있는 도랑만큼 남아
사람으로서는 도저히 만들 수 없는
굽고 굽어 흐르는 형상으로 흘러간다
하려고 했던 일과
할 수 없었던 일과
아직 해야 할 것들이 서로 맞부딪치며
그렇게 또 한 해가 비껴간다
돌아보면 시원찮고
기다릴 수밖에 없는 가슴이 저려오고
바라볼수록 더욱 안따까워
찬바람이라도 쥐어 본다

세월은

보리 베고 모 심고 벼 베고 보리 심고
눈밭 두어 번 바라보면
한 해가 늙어간다
그만큼 희여진 머리는 숱이 빠져
말 불알 털 모양이 되고

보리 베고 모 심고 벼 베고 보리 심고
불 땔나무 두어 경운기 해오면
또 한 해가 늙어간다
그만큼 눈은 희미해져
산비둘기와 까치를 알아보기 어렵고

또 보리 베고 모 심고 벼 베고 보리 심고
연반지 계모임 두어 번 지나면
한 해가 늙어가니
그만큼 삭신은 녹아들고 가슴은 비어져
핏기 없는 얼굴이 고랑지어지네

네 히러 했던 일은
꿈은

겨우내내

두 달 전
눈을 이기지 못해
둥지째 부러진 적송(赤松) 솔잎이
아직도 푸르다
아직도 살아 있다

겨우내내
잊지 못할 많은 것들이 있다

고물개

타작한 결명자 말리려 바깥마당 멍석에 널었는데 고물개가 없다 외양간, 헛간, 방앗간, 뒷간, 잿간 이젠 퇴물이 된 굴뚝 옆 흙담 밑에도 집 뒤 장독대, 대문 밖 건조실까지 다 뒤져도 없다 하나 있는 게 닳고 닳아 반틈 남은 쬐그만 아궁이 고물개만 눈에 띈다

하잘것없어 보이는 연장도
나름 그 쓰임새가 중하여
어느 하나 없어선 안 되는데

들판도
거기 서있는 사람도
하잘것없어 보이는데

*고물개 ; 고무래의 충청도 방언

맑은 가을 밤

풀섶이 성가신 도랑물 소리
떠나는 뜸부기 소리 풀무치 소리
구름이 가는 소리
바람이 슬퍼하는 소리
그대 웃음소리 노랫소리

칡꽃 향기에 취한
지난 한여름 밤
생각의 먼발치 끝에서
축복의 잔치가 끝나고
맑은 밤하늘 촘촘히 들어찬
별의 슬픔으로
잠 못 이룬 새벽을 맞는다

하품 한 번 크게 하고
새벽닭 홰치듯 옹골지게
눈물을 털어내린다

제5부

그곳, 아우내강의 노을

그곳, 아우내강의 노을

저 강물 속에 남겨놓고 떠난 것은
핏빛 정열의 적막함이 아니라
아직도 감춰야 할 약속,
강물을 거슬러 조급히 떼 지어 가는
물오리들의 물살도 금새 사라지고
홀로 튀어오른 잉어의 울음도
아우내강의 노을이 삼켜버렸다

저 강물 속에 남겨놓고 떠난 것은
붉디붉은 그리움이 타버린 애석함이 아니라
숨막히는 간절한 소망,
감히 거둘 수 없었던 외침도
메아리 없이 강변 갈대숲으로 사라지고
어느 틈 잠시 눈 감은 사이
어둠이 노을의 강을 삼켜버렸다

돌아볼 수 없는
찾을 수도 없는
기억의 아픔을 어찌 품고 살아가랴
강은 흐르고 노을은 빛을 잃어가고
동쪽 잣고개 위로 보름달은 떠오는데

반달

반달은
나머지 반을 채울 수 있어서 좋다

반달은
나머지 반을 버릴 수 있어서 좋다

채우면 버릴 줄 아는 달이 좋다

숫돌

엎혀진 이슬과 새벽 안개 붙잡아
날을 세운다
더는 늦출 수 없다
마찰하는 날끝의 쇳소리
마디게 세우려다
자칫 엇갈면 뭉그러져
엄지 손가락 위에서
날의 빛이 미끄러져 내린다
여린 살갗이 섬뜩하다

한 세대 거치도록
한 편 가슴엔 독(毒)
다른 한 편엔 눈물이 갉아먹은
흉터의 잔해를 가린 채
고연히 아픔을 키워 왔다
그래도 아직 잔뿌리 살아있으니
동녘 서낭당 밝아오기 전
무뎌진 날 세워
늙은 싸리처럼 무뚤어 오는
욕심을 베어내야 한다

아직도 구름은 떠도는데

그때나 지금이나
구름은 여전하고
구름의 해후(邂逅)도 여전하고
기다림의 자취도 그대로인데
어느 이별의 순간도 이와 다르지 않아
토란 잎 새벽이슬처럼 힘없이 굴러떨어지는데
먼데서 있을 듯한
구름의 화답(和答)하는 소리도 들리지 않아
눈 크게 뜨고 고개 젖혀
그대 살아 있을
구름의 하늘을 올려다보네

산안개에 그리움 토해내면

아직 밝지 않은 낙엽송 숲길
신새벽 산안개가 볼을 차갑게 쓰다듬는다
팔 벌려 긴 숨 몰아쉰다
산아래 강뚝 건너 돛대산 어림에
사람이 웃고 있다
반갑다 손짓한다
그러나 소리 질러 맞이할 수 없구나
눈물 떨어지는 소리에 놀란 고라니가
훌쩍 등갱이 너머로 내달린다
함께 놀라 사방을 두리번거린다
내가 아직 여기 서 있구나
여기 이렇게 마주 보며 서 있구나

사랑한다는 말

몸속에 감춰졌던 똥이
밖으로 나오면 구린내가 난다

가슴속에 숨겨뒀던 말이
입 밖으로 나오면
거짓의 꼬챙이가 되어 자신을 찌른다

사랑한다는 말도 드러내면
감내할 수 없는 욕심의 냄새를 풍긴다

그러나
똥 만들지 못하면 곽란이요
말 막으면 숨막혀 질식할 것이니

비록 표현을 잃어버린 진실일지라도
나, 사랑한다고 말하리라

사는 동안만이라도

땅의 주인은 땅이며
결코 내가 아니며
사는 동안 잠시
빌려 쓰는 것인데

붙박힌 땅도 그러하거늘
나뭇잎 같은 권세는
스치는 바람만도 못한데

사랑의 주인은 사랑이며
결코 내가 아니며
내 사는 동안 잠시
사랑의 혼령으로부터
감사받은 것뿐인데

사랑 1

어느 날 구렁이 한 마리
꿈에서 보았더니
환장하게시리
그게 가슴에 들어와 씨릿하게 아프더니
이제는 버젓이 아랫배에 똬리를 틀고
오장육부를 휘젓는다

어느 날 그리움에 허기져
뱃가죽이 등딴지에 붙어버린 후
염통마저 터져 토해내면
영락없이 구렁이가 그대 발 밑에서
꿈지락거릴 터인데 그게
내 사랑이 둔갑한 것인 줄 알려나

사랑 2

그대 몸에 들어가
그대 눈동자로 살고 싶어라

이마 맞대고

이젠 눈 크게 뜨고도
해를 바라볼 수 있어요
바다, 바라볼 수 있어요
두렵지 않아요

가던 걸음 멈추어요
내 스스로 걸어갈 때까지
그대 잠시 걸음 멈추어요
이마 맞대고
바닷속 날아가는 것도
어색하지 않아요

슬퍼하거나 분노하는 일 없을 거라고
어망과 갈매기까지 화답하네요
수평선은 너무 멀어
어느새 사라져 버렸네요

그대 손길 느끼고 싶어요
잡아주세요

화염제례(火焰祭禮)

이른 해 넘긴 저녁 한기(寒氣)
경운기에 벗어 놓은 잠바 걸치고
타작 끝낸 결명자 대궁에 불 사른다
해마다 이맘 때 솟구치는 이 화염은
일년농사 마무리를 하늘에 고하는 나의 제례
대여섯 길 불기둥 속에서 사내가 웃고 있다
별 탈 없이 한 해를 마친 후련함
이 조그만 밭뙈기에서 이 정도면 쏠쏠하지
추레라에 얹혀진 일곱 푸대 거뜬히 싣고
먼지 검댕이로 화장한 얼굴
닦는다고 손바닥으로 문지르니 더욱 가관(可觀)
단기통 디젤엔진 소리 경쾌하다

낮달

한낮까지 서쪽 하늘에 남겨진
빛 바랜 달처럼
그런 모습으로 남지 않기 위해
저며 묶어 뱃속 유다락에 얹혀 놓은
이미 굳어져 버린 상채기들을
어둠이 오기 전에
고쿠락에 넣어 불태워야 한다

못다 한 사랑이든
이루지 못한 꿈이든
아니면 차마 죽지 못한 회한이든
그리움은 눈물로 씻어내리고
꿈은 긴 한숨으로 토해내고
잊지 못할 기억들은 노래로 남겨두자

버리지 못하면
다시 채울 수 없기에

약속

낯선 곳
바람조차 낯선
남녘 바다
마지막 연인이길 소망하는
사람들 발자국이
확신할 수 없는 약속이 되어
화석처럼 남겨져
물 위에 떠다니고 있다

늙은 까마귀 듬성한 수염 사이로
저녁 노을 비쳐온다

돌아보면 모두가 외로운 것을

노른자 편벽증

이십대 때 겨울
함께 영등포교도소 살았던
지리산에서 사과농사 짓고 있는
친구 오훈이는 배고프면서도
소지가 몰래 삶아준 계란
노른자를 먹지 않았다

그로부터 서른 해 훨씬 지나
나도 이제 노른자를 먹지 못한다

엊그제 친구에게 왜 그랬냐 했더니
목이 팍팍해서 넘길 수 없었다나

석양의 눈물

뱉지 마라
감히 저버릴 수 없는 기다림이기에
품을 수 있는 인연 또한 없다

석양의 심장을 쪼아 먹는
갈매기 떼가 일제히 바닷속으로 뛰어들어
붉은 황혼의 놀을 펼쳐
석양과 함께 어우러졌던
섬과 등대와 떠나는 고깃배
그리고 사람들의 숨소리가 사라지고
그제야 바다의 평온이 찾아온다

바다놀이 뱉어내는 맥없는 비웃음이
어둠으로 변하여 하늘이 부서져 내리고
미처 살피지 못한 한 조각 석양이
차마 떠나지 못하고 눈물을 쏟는다

뱉지 마라
그 어디에도 가실 수 없는 아름다움이기에
이제 석양의 눈물을 삼켜라

■해설

농사와 수행과 순명

–신언관의 시에 대하여

염 무 웅

(문학평론가 · 영남대 명예교수)

박몽구 시인이 전화로 신언관 씨에 관해 이런저런 인물 소개를 할 때까지 사실 나는 그의 이름조차 들은 적이 없었다. 박 시인의 말에 따르면 신언관 씨는 서울대 농대 운동권 출신인데, 예전 내가 농대에 출강할 때 'ALL' 이라는 문학서클을 지도했다는 사실을 들었다면서, 그렇다면 그 문학서클 회원인 신언관 자신도 나와 인연이 있는 셈이라는 것이었다. 그 말을 듣자 까마득히 잊고 있던 기억이 되살아났다. 전말을 모두 털어놓자면 얘기가 딴 데로 샐 터이므로 생략하거니와, 요컨대 나는 1969년 2학기에 독일어 전임강사로 농대에 부임하여 한동안 수원으로 출퇴근을 했다.

그때 농대에는 ALL이라는 문학서클이 있었다. 그

서클 학생들이 가끔 나를 찾아와 문학 애기를 했었고, 특히 2학년 이호철(李鎬澈) 군은 습작시를 보여주면서 유난히 나를 따랐던 것 같다. 하지만 그는 취미 삼아 하던 시 쓰기를 접고 공부에 전념하여 경북대 농대 교수가 되었는데, 1980년대에 영남대로 내려간 나와 대구에서 다시 만나기도 했다. 소설가 이호철(李浩哲) 선생과 한글 이름이 같은 까닭에 오래도록 기억하게 된 것이었다. 유감스럽게도 이호철 교수는 농경제학 분야의 촉망받는 학자였으나, 젊은 나이에 지병으로 일찍 세상을 떠나고 말았다.

아무튼 며칠 뒤 박몽구 시인이 신언관 씨의 시집 원고를 이메일로 보내왔고, 다시 며칠 뒤에는 세 사람이 내가 사는 군포에서 만나 인사를 나누었다. 나로서는 물론 신언관씨가 초면이었다. 그는 회갑의 나이에다 학생운동 · 정치운동 · 농민운동의 경력을 지녔다고 하는데도 전혀 그런 운동가 티가 보이지 않았다. 오히려 그의 표정에는 어딘가 어수룩하고 수줍어하는 듯한 기색이 서려 있었다. 이호철 교수에 대해 물으니, 자기가 학부생일 때 그는 대학원생이었다고 한다. 서클 이름 'ALL'도 나는 우리말 '알'(卵)이라고 지레 짐작하여 더 이상 캐묻지 않았었는데, 이번에 받은 신언관의 첫 시집 『나는 나의 모든 것을 사랑한다』(백산서당, 1995)를 읽고 비로소 그게 아니라는 걸 알았다. 이 시집에는 바로 학생 시절의 추억을 담은 「써클 ALL」이라는 작품이 실려 있고, 제목 밑에는 부제처럼 'Affection to Life and Literature' 라는 설명이 괄호 안에 들어 있다. 그러니까 ALL은 우리말 '알' 이 아니라 괄호 안의 영문 약자였던 것이다. 시의 전문을 읽어 보자.

삶의 진실을 배우려 했고
문학을 사랑하려 했다.
'인생과 문학에 대한 애정' 은
우리들의 불꽃의 정열이었다.

아무 것도 모르면서
아는 체했고
흉내도 못 내면서
원고지를 메우려 했고
미친 듯 독서에 빠지고
평론은 술 먹는 일로 대신했다.

좋은 선배와 친구들을 만났다.
삶을 사랑할 줄 아는 사람들이었다.

이호철, 박석두, 김종률, 오병수, 공제호!
아직도 잊혀지지 않는
이름을 불러본다.

–「써클 ALL」 전문

더 이상 설명이 필요 없는 소박하고 직설적인 진술이다. 하지만 이 단순한 시에서 그 단순함 즉 화려한 문학적 장식이나 복잡한 비유적 장치가 없는 것을 약점이라고 볼 수는 없을 것이다.(단순성은 그의 모든 시에 두루 지적될 수 있는 특징일 것이다.) 이 시의 목표는 아름다웠던 학창시절을 실제 있었던 그대로 재현하는 것인데, 소박한 언어와 평면적 진술을 통해서 젊은 날의 그 순수함은 오히려 더 솔직하게 드러나기 때문이다. 특히 신언관처럼 농촌에서 유·소년기를 보낸 사람이라면 대학에 들어와 선배와 친구를 사귀고 문학과 인생을 논하게 되는 과정에서 겪는 열정의 시간을 평생 잊을 수 없을 것이다. 사람에 따라서는 그 때묻지 않은 순수의 기억이 인생의 방향 자체를 결정할 수도 있다. 신언관이야말로 바로 그런 순직함의 소유자라고 생각된다.

앞에서 말했듯이 『나는 나의 모든 것을 사랑한다』라는 시집의 존재를 나는 이번에 처음 알았다. 당연히 읽은 것도 처음이다. 시집 뒤에 붙은 신경림 선생의 해설 제목처럼 신언관의 이 시집은 '시로 쓴 투쟁과 수난의 기록'이다. 다른 말로 하면 시의 형식을 빌린 일종의 자서전과도 같다. 자전적(自傳的)인 장시라곤 하지만, 시간의 순서에 따른 전기적 배열은 아니다. 한 편 한 편 독립된 서정시인데, 읽는 사람의 머릿속에서 하나의 서사가 재구성되도록 짜여 있다. 그의 삶의 역정을 염두에 그리면서 몇 편을 읽어보자.

참나무 곁등을 붙잡고 오른
산속 무덤 곁에서
멀리 산 아래 가난한 동네를 바라보며
어머니를 불렀다.

어머니!
나는 민중과 더불어 살겠습니다.
어머니!
나는 불의에 항거하며 살겠습니다.
그리고 어머니!
나는 투쟁의 길을 걷겠습니다.

아직 채 떨어지지 않은
멍개나무 빨간 열매가
콩새의 날갯짓에 두두두 떨어졌다.
눈 덮인 산속의 적막은 이어지고
짧은 겨울해는 어느새 골짜기에 어둠을 내리고
세상은 나로부터 자꾸만 멀어져갔다.

—「어머니의 무덤 곁에서」 후반부

일찍 세상을 떠난 어머니 무덤을 찾아 자신의 결의를 다지는 한 대학생의 비장한 모습이 진솔하게 그려져 있다. 「써클 ALL」에서 보았듯이 그가 출세 따위의 세속적 욕망에 끌리기보다 '미친 듯 독서에 빠지고' '좋은 선배와 친구들을 만났'기 때문에 그런 결심에 이른 것이었다. 어쩌면 타고 나기를 그런 사람들과 어울리기 좋아하고 진실에 감동 잘하는 성품으로 타고

났기 때문에 결국 투쟁의 길을 가겠다는 결심에 이르렀는지 모른다.

하지만 이 시에서 주목할 것은 마지막 연이라고 생각된다. 시의 화자가 투쟁을 맹세하는 것은 '눈 덮인 산속의 적막' 한가운데이다. 정치적 폭압과의 싸움을 맹세하는 장소로서는 어울리지 않을 것 같은 깊은 산속이다. 대중을 향해 진입하는 것이 아니라 개인적 고독 속에서의 외로운 결단으로 투쟁적 삶을 선택한다는 것은 그 투쟁이 고통과 수난을 동반하는 순탄치 않은 과정이 될 것을 예고하는 것이라고 볼 수 있다. 그렇기에 '세상은 나로부터 자꾸만 멀어져갔다.' 과연 얼마 후 신언관은 벗들과 함께 등사기를 구입하고 '구국선언문'을 작성한다. 다음 시는 1970년대 학생시위 현장의 모습을 전하는 많지 않은 예문의 하나일 것이다.

> 양심의 소리에 따라야 한다.
> 불의를 보고 행동하지 않으면 의가 아니다.
> 1978년 6월 1일
> 3년 전, 김상진 열사의 피가 뿌려진
> 그 잔디밭에서 시위를 시작했다.
>
> 녹원사 옥상에 올라가 바리케이트를 치고
> 군부독재 박정희 정권의 퇴진을 외쳤다.
> 유신헌법의 철폐를 외쳤다.
> 어깨에 어깨를 걸고
> 우리들의 소망과 고민으로 얼룩진 교정을 돌면서

가슴속 깊이 외치고 싶던 말을
한없이 한없이 외쳤다.
귀와 입이 철저히 막혀버린 사회에서
그 얼마나 외치고 싶던 말인가!

소방차가 물줄기를 뿌려대고
최루탄 연기와 포말은 하늘에 가득했다.

—「새 항로를 찾아」 전반부

이제 그에게 닥친 것은 당연히 감옥이었다. 신언관은 긴급조치 9호 위반으로 2년 징역을 살고 1979년 말에 특별사면으로 석방된다. 시집 『나는 나의 모든 것을 사랑한다』의 제4부와 5부는 절절한 옥중시들로 채워져 있는데, 박정희 시대의 억압적 상황은 많은 사람들을 시인으로 만들어 뜻하지 않게 이 나라의 문학적 풍요에 기여하는 결과를 낳았다. 어쨌든 그는 전두환의 쿠데타 이후 계엄포고령 위반으로 다시 한번 구속되었다가 군사재판을 받고 석방된다. 그리고 잠시 동안의 노동자 생활을 거친 끝에 마침내 농촌으로의 귀향을 결행한다. 물론 그것이 마음 편한 결정은 아니었다. 다음의 시는 올바르고 진실되게 살려는 사람일수록 왜 이 사회에서 더 많은 고통을 겪고 더 힘든 시련에 부딪쳐야 하는지를 묻는 근본적인 질문으로 우리에게 다가온다.

할 일은 마음보다 앞서 찾아오는가
더 이상 방황은 용서할 수 없었다.
내가 추구해야 할 최고의 가치는
근로대중이 되는 것,
나는 농민이 되기로 결심했다.

그러나 이것은 나의 의지일 뿐
다른 사람들에게는
데모하고 징역 살고 제적당하고
이제 농사밖에 지을 게 없어
고향에 내려온 폐인으로 보였다.
저 봐라, 데모하면 저 꼴이 된단다.
비웃음과 연민의 표정이었다.
상식적으로 이해할 수 없다는
주변의 눈초리에 몸서리쳤다.

그러나 박물관에 박제된 사상을 거부하고
저자거리 와글대는 사람들 틈에서
몸을 부닥치고 단련하리라 다짐하며
내가 해야 할 일을 위해
입술을 깨물었다.

–「고향으로」 전문

그런데 신언관은 위의 시에도 암시되어 있는 바와 같이 '단순한 농민' 이 되기 위해 귀향한 것이 아니었다. 말하자면 즉자적 농민이 아니라 적극적인 의미에서의 각성된 농민의 삶을 추구하기 위해 귀향한 것이었다. 그것은 시대의 현실이 요구하는 새로운 운동의 설계를 자신의 조건에 합당한 토양 위에서 실천하고자 하는 하나의 심각한 도전이었다. 그러기에 그는 '박제된 사상' 을 거부했던 것이다. 그가 투신하고자 한 것은 지난 시대의 틀에 박힌 계급혁명 노선을 기계적으로 추종하는 것이 아니라 자신의 체질에 적합한 '일' 을 찾으려는 것이었기 때문이다.

그러나 거기에도 수많은 난관이 있었고 수난이 따랐다. 신언관은 1989년 전국농민협회 사무처장으로 2·13 여의도 농민대회를 주도한 혐의로 수배령이 떨어졌고, 1991년에는 전국농민회총연맹 창립 초대 정책실장으로 '전농 창립선언문' 을 작성하는 일도 맡았다.

이렇게 신언관은 30여 년을 고향에서 유기농 쌀농사를 지으며 농민으로 살고 있다. 지금도 그는 가톨릭농민회 청주교구연합회 상임위원이자 제일전통영농조합 대표 직함을 가지고 있다. 그렇다면 첫 시집 『나는 나의 모든 것을 사랑한다』 이후 꼭 20년 만에 내는 이번 시집 『그곳, 아우내강의 노을』의 시들은 그의 어떤 삶을 담고 있는가.

박몽구 시인으로부터 이메일로 원고를 받아 앞부분을 얼마쯤 읽고는 솔직히 말해서 좀 실망했던 것이 사실이다. 운동권 출신이고 지금도 농민운동 현장에서 일하는 분이라면 시에서 더 치열하고 비판적인 목소리가 나와야 되는 것 아닌가 하는 것이 내 기대였던 것이다. 언뜻 읽기에 이번 시집은 너무 곱고 순하다는 것이 첫인상이었다. 하지만 신언관 씨에게 받은 첫 시집 『나는 나의 모든 것을 사랑한다』를 먼저 통독한 다음 이번 시집 원고를 다시 꼼꼼히 읽고 나자 나의 첫인상이라는 게 아주 피상적이었음을 확실하게 깨달았다.

한마디로 이번 시집에서 내가 읽은 것은 그의 경력에 각인된 운동권 투사의 목소리가 아니라 그런 경력의 이면에서 그가 겪어낸 마음의 행로였다. 이 말을 조금 풀어서 설명한다면 이렇게 될 것이다. 농부는 사계의 순환을 따라 움직이는 자연의 변화 속에서 그 자연에 순응하면서 일에 전념한다.(시집 『그곳, 아우내강의 노을』의 구성 자체가 계절의 변화에 맞추어져 있다.) 하지만 시인은 그 자연질서의 운행에 묵묵히 복종하면서 동시에 자신의 내면 안에서 울리는 영혼의 속삭임에 귀를 기울인다. 이처럼 자연과 인간 사이에 진행되는 깊고도 은밀한 교감의 과정을 소박하고 진실하게 기록하는 것, 이것이 말하자면 신언관의 새로운 시세계인 것이다.

물론 이것은 그의 첫 시집과는 판이하게 다른 세계이다. 시골 출신의 한 순박한 젊은이가 어떻게 세상에 눈을 떠서 유신체제 하의 저항운동에 뛰어들게 되고 또 어떤 고난을 겪은 끝에 농민운동가의 길을 걷게 되는지 기록한 것이 첫 시집이라면, 이번 시집은 투쟁·

수난 · 세속적 실패 같은 외면적 활동 자체와는 거리를 둔 내면적 성찰의 기록이다. 물론 일부 시들은 겉으로 보기에 단순한 영농일지 같은 모습을 띠기도 한다. 제목에서부터 그런 의도를 드러낸 다음 시를 읽어보자.

> 며칠 반소매로 일할 만큼 따숩더니
> 춘분날인데 얼음이 제법 두껍게 얼었다
> 씨감자 한 상자 내기를 심었다
> 퇴비와 못자리 상토가 배달되었고
> 못자리 하우스 스프링클러 시설도 설치하였다
> 전날 우수 많은 비가 와서
> 보리밭 배수로 정리를 하고 나니
> 또다시 올 농사 걱정이 태산이다
>
> —「2013년 3월 하순의 영농일기」 앞부분

봄날의 농촌 풍경이 여실하게 그려져 있다. 날씨와 농사일 자체에만 묘사가 집중되어 있고 그것을 둘러싼 사회적 연관성은 시야에서 배제되어 있다. 세상사를 잊고 농사에 몰두해 있는 농민적 현실의 즉물성을 부각시키기 위해 의도적으로 시인의 감성적 개입을 차단했는지도 모르겠다. 어쨌든 이제 이 시의 배경인 '춘분날'로부터 계절이 조금 지나면 다음과 같이 모내기 끝난 들판의 풍경이 제시된다.

> 모가 새끼 치며 크는 소리가 들리나요
> 어젯밤 봄비에 논배미가 조용해졌네요

어스름한 달빛조차 놓치지 않으려고
눈 뜨고 하늘 보며 밤을 꼬박 새웠지요
모 끝을 스쳐가는 바람 한 점도 아쉬워
가슴 내밀고 크게 숨쉬고 있지요

하늘과 땅이 나에게 주어진 것만큼
꼭 그만큼만 하렵니다

–「6월 논둑에 앉아서」 뒷부분

초여름이 되면 논에서 모들이 자라는 모습에 저절로 눈이 간다. 하지만 농사짓는 당사자인 농민에게는 단순히 들판의 경치로서가 아니라 마치 갓난아기들의 성장의 숨소리가 엄마에게 들리듯 모들의 커가는 소리가 들리는지 모른다. 원경(遠景)으로 보이는 풍경이 아니라 호흡을 함께하는 생명의 숨결로서 피부에 닿는다는 것은 농부와 논의 모 사이가 육친적 감각으로 연결되어 있음을 뜻한다. 그렇기에 시인은 자식을 키우는 부모 마음이 되어 '하늘과 땅이 나에게 주어진 것만큼/ 꼭 그만큼만' 하겠다고 말하는 것이다. 어쩌면 그런 것이 농부의 마음인지 모른다. 이제 가을이 된다.

입추(立秋)의 문턱을 넘어
산의 푸르름이 제 빛을 마무리하고 있다
들판과 산굴멍의 곡식들도 여물기에 느긋하다

젊은 날,

비와 바람과 달빛과 어울려
치켜들었던 깃발은
저 달팽이 더듬이 위에서
잠시 휘날렸을 뿐이었던가

힘겹게 비쳐오는 마무리의 빛에서
억울한 헛기침을 토할 수밖에 없지만
그래도 아니라고 손사래 치며
그리워해야 할 많은 날들이 꿈틀댄다고
머리 위를 나는 새떼를 불러 모은다

그리움이 여물어
겨울을 나는 양식이 될 수 있다면

–「마무리」 전문

땀 흘리며 일하던 여름날 농부시인은 '하늘과 땅이 나에게 주어진 것만큼/ 꼭 그만큼만 하렵니다' 고 스스로에게 다짐했었다. 논에서 모가 크는 것처럼 현재에 충실한 삶, 분수를 넘지 않는 삶, 자연의 질서에 따르는 삶, 그런 삶을 살겠다고 자신과 약속했던 것이 여름이었다. 그런데 이제 산과 들에서 곡식이 여무는 계절이 되어 느긋한 마음이 들자 문득 바깥세상의 일들이 떠오른다. '젊은 날,/ 비와 바람과 달빛과 어울려/ 치켜들었던 깃발은' 한갓 무엇이었던가. 생시였던가, 꿈이었던가. 참선하는 스님의 머릿속에서 어지러운 잡념을 쫓아내듯 시인은 '그래도 아니라고 손사래 치며'

면 하늘을 바라본다. 추수하는 일과 마음 다스리는 일이 하나의 일로 겹쳐지는 심행일치(心行一致)의 광경이라 할 것이다. 하지만 그는 농사에서나 수행에서나 여전히 서투른 초보자이고 초심자에 불과함을 끊임없이 자각한다. 다음의 두 작품은 각각 좀 다른 측면에서 자신이 초보자 · 초심자의 경지를 벗어나지 못했음을 정직하게 고백한다.(제목의 '엇배기'는 국어사전에 나오지 않는 낱말이다. 신언관 씨 동네의 사투리로 짐작되는데, '서투른 사람', '설 배운 사람', '초보자' 정도의 뜻인 듯.)

할 일은 칠월나무 다발처럼 수북한데
할 수 있는 거라곤
석양의 빛을 그리워하는 것이고
해 놓은 일은 고작 깨진 고무다라이 속에 담긴
흙 묻은 작업복 두 벌이다
어쩌다 운 좋게 이룬 것들도
탄저병 걸린 고춧잎처럼 그렇게 군시러울 뿐이다
팔이 저려오고 입이 말라가는
서툰 몸짓으로 욕심의 흉내를 낸다
나에겐 열혈(熱血)의 고함도 없고
능란한 철면(鐵面)도 없고
풍광(風光)의 아린 노래도 없다
나는 엇배기다
여러 날 허리 웅크리고 고개 젖혀가며
신통한 기원으로 빌고 빌면서도 다가서지 못했다

이제 풀벌레의 외로움을 알 때까지
기억 못할 것들은 버리고 싶다
통속의 눈물을 보이며
밤하늘 별빛으로 점점이 남아 있는
때늦은 그리움만 품고 가겠다
더 바랄 것 없이
여물어가도 모가지 세우고 이슬 맞는
보리 이삭이고 싶다

－「엇배기」 전문

이삭을 잉태한 벼가
제 잎을 스스로 더 푸르게 만들어
뜨거운 여름 해를 받아들인다

잇속을 버리지 못하고
섭리에 맡겨둘 지혜가 모자라
사소한 상처에 안절부절 조급해하는데

생각은 마름꼭지보다 날카롭게 비켜가고
바람 불어와 그렇게 몸 맡기면
어떻게든 세월에 맞게 변해가는 것을

－「수잉(穗孕)」 전문

그가 자신을 '엇배기'로 규정하는 것은 나름 일정한 자기인식을 드러내는 것이라고 볼 수 있다. 그 자기인식의 내용이란 어떤 것인가. 아마도 그것은 '나에겐 열혈(熱血)의 고함도 없고/ 능란한 철면(鐵面)도 없고/ 풍광(風光)의 아린 노래도 없다' 라는 구절에 적절하게 요약되어 있지 않은가 한다. 물론 나는 개인적으로 신언관을 거의 알지 못하는 처지이고, 단지 그의 시를 통해서만 그의 사람을 짐작할 수 있을 뿐이다. 물론 이 자리가 시를 논하는 자리이지 사람을 설명하는 자리가 아니므로 그의 사람됨에 관해 왈가왈부할 필요는 없다. 하지만 신언관 같은 시인의 경우 시와 사람은 분리되어 있지 않다고 생각되기 때문에 그의 시적 성취를 가늠하자면 그의 사람됨의 구조를 조금은 분석해 보지 않을 수 없다.

앞에서도 언급했듯이 그는 학생시절부터 오늘에 이르기까지 40년 가까운 동안 '불의에 항거하며 살겠다' (「어머니의 무덤 곁에서」), '내가 추구해야 할 최고의 가치는/ 근로대중이 되는 것이다' (「고향으로」)라는 다짐을 가슴에 품고 살아왔다. 그 다짐 때문에 두 차례나 감옥까지 다녀와야 했다. 그런데 그는 이런 투사의 경력에도 불구하고 '나에겐 열혈(熱血)의 고함도 없고' 라고 말한다. 적어도 자신이 느끼기에는 주관적으로 높은 결의에 비해 객관적으로 실천이 미흡한 것이다. 심행일치를 추구하는 완벽주의자의 기준에서 볼 때 그는 늘 열혈남아가 못 된다는 자의식에 시달리고 있다고 할 수 있다.

그런가 하면 고지식한 인품의 소유자가 으레 그렇듯 신언관은 한국 정치판과 같은 권모술수의 세계에서도 성공할 가능성이 별로 없다. 체질적으로 그는 일구이언(一口二言)·면종복배(面從腹背) 같은 철면피한 짓을 하면서는 못 사는 사람처럼 보이는 것이다. 따라서 '능란한 철면(鐵面)도 없고'란 자기 인식은 자신의 정직함을 자랑한 것이라기보다 한국 같은 풍토에서의 정치가로서의 자격 미달을 고백한 것이라고 할 수 있다. 그러면 마지막 '풍광(風光)의 아린 노래도 없다'는 무엇을 가리키는 것일까. 운동가로서나 정치인으로서뿐만 아니라 서정시인으로서도 자신이 혼신의 역량을 바쳐 최선을 다했다고 말할 수 없다는 쓰라린 고백 아닐까.

그러나 내 생각에 그의 내면에는 자책하듯이 자신에게 결여되어 있다고 말하는 세속적 성공의 요소와는 다른 인간적 성숙의 공간이 마련되어 있다. 어쩌면 그것은 세속적 성공이라는 외면적 화려함을 그 화려함과 대치되는 순결한 가치 속에서, 즉 구도하는 마음 안에서 소멸시켜가는 영적(靈的) 힘의 공간이라고 할 수 있을 것이다. 신언관의 경우 그것은 주로 한 대상에 대한 잊을 수도 끊을 수도 없는 간절한 그리움의 형식으로 나타나는 것 같다. 자연과 농사를 소재로 삼은 그의 많은 시들이 서경시(敍景詩) 내지 농촌시(農村詩)의 외관을 가지면서도 동시에 구도시(求道詩) 또는 연시(戀詩)의 내용을 갖는 것은 그런 점에서 주목할 만한 현상이다. 많은 예들 가운데 한두 편만 감상해보자.

동림산 끝 한 뼘 위
새털구름 사이로
샛별만 보일 만큼 어둔 저녁
산비둘기 떼가 샛별 주위에 도열병반처럼
자국을 남기고 사두열산 쪽으로 날아간다

달 보고 기원하나
샛별 보고 기원하나
모두가 제 마음 다스리는 것인데
보고 싶다고 보아질 수 있는 것도 아니거늘
그리움이 비 맞은 재처럼 사그라들어
어둠 따라 잿물 되어 흐른다

–「보고 싶다」 앞 2연

누군가를 그리워하는 일과 마음을 다스리는 일이 쓸쓸한 자연 풍광의 전개를 배경으로 천천히 하나로 결합하고 있다. 시의 화자는 그리움이 '사그라든다' 고 말하지만, '어둠 따라 잿물 되어' 흐른다는 것은 결코 단순한 소멸을 가리키는 것은 아닐 것이다. 그것은 무의식의 더 깊은 암실로 숨어드는 것, 더 뼈저린 절망감 속으로 가라앉는 것일지도 모른다. 그리하여 다음 시에서 그의 내면을 흔드는 그리움의 감정은 더욱 대담하고 처절한 노래가 되어 우리의 심금을 울린다.

숨막히게 그리워
강은 내게로 흘러내리고

저녁 해를 견디지 못해
산은 그림자로 강을 덮는다

뼈와 살이 녹아
형체조차 잃어버린 산의 꿈이
강물이 되어 나를 감싸안는다

나에게 올 수 없고
내가 갈 수 없는 산이기에

숨막히게 그리워
강은 쉼 없이 스쳐 지나고
창화(唱和)의 노래가 되어
가을밤을 맞는다

–「가을 강변에서」 전문

강과 산과 나 간에 이루어지는 격렬한 합일과 영원한 단절이 신언관의 시로서는 드물게 치열한 방식으로, 그리고 상당히 복잡한 비유적 구도 속에서 이루어지고 있다. 이 시의 구도 속에는 단순히 한 외로운 남자가 어느 가을날 강가에 나와 산을 바라보며 느끼는 쓸쓸한 감정이라고 할 수 있는 것 그 이상의 강렬한 무엇이 들어있다. 이 시의 세계 속에서는 말하자면 끝내 극복될 수 없는 인간의 근원적인 고독, 자연과 인간 사이의 영원히 메울 수 없는 거리감, 그리고 '뼈와 살이 녹아/ 형체조차 잃어버린 산의 꿈이/ 강물이 되어 나를 감싸안는다' 같은 뛰어나게 아름다운 구절을 통해 표현된 감정 체험의 어떤 극한적 경지가 그야말로 천상에서 울리는 듯한 창화(唱和)의 상태에 도달하고 있다.

이 시집의 표제작인 「그곳, 아우내강의 노을」은 「가을 강변에서」와 짝을 이룰 만한 또 하나의 절창이다.

저 강물 속에 남겨놓고 떠난 것은
붉디붉은 그리움이 타버린 애석함이 아니라
숨 막히는 간절한 소망,
감히 거둘 수 없었던 외침도
메아리 없이 강변 갈대숲으로 사라지고
어느 틈 잠시 눈 감은 사이
어둠이 노을의 강을 삼켜버렸다

돌아볼 수 없는
찾을 수도 없는
기억의 아픔을 어찌 품고 살아가랴
강은 흐르고 노을은 빛을 잃어가고
동쪽 잣고개 위로 보름달은 떠오는데

-「그곳, 아우내강의 노을」 제2, 3연

그러나 신언관은 「가을 강변에서」나 「그곳, 아우내강의 노을」 같은 작품 이외에도 「군불」, 「생나무 장작」 같은 서너 편의 시에서, 마치 구름 사이로 해가 비치듯, 잠시 감정의 격렬한 폭발을 보여준 다음 다시 온순하고 선량한 본연의 자세로 돌아간다.

다만, 그는 농사와 수행을 거듭하는 동안 어느덧 중년이 되면서 아버지의 회한을 깊이 이해하게 된다. 아버지의 고단했던 삶을 자신의 영혼 안에 뜨겁게 받아들임으로써 그의 시는 독자로 하여금 또 다른 감동을 맛보게 한다. 아마 다음 시의 구절들은 이 시대의 모든 아들들이 각자의 살아온 내력과 살고 있는 형편에 맞게 자기 스토리로 각색하여 읽어도 좋을 것이다.

> 아버지, 고맙습니다 죄송합니다
> 사당 보며 하루에도 수 차례 이렇게 말하죠
> 단 하루도 그렇지 않은 날 없었어요
> 살아가는 대소사 선택이나 결단이 어려울 때
> 그땐 아버지는 어찌 했을까 물어보지요
> 초점이 흐려진 눈에서 흐르던 그 눈물을 기억합니다
> 하잘 것 없는 것이 인생이라고
> 살기 어려우면 땅 팔아서 써도 된다고
> 허망하고 허망한 것이 삶이라고 말씀하셨죠
> 아버지 지청구소리가 지금도 선합니다
> 내 서른 살부터 오십까지 늘 걱정이셨지요
> 불고가사(不顧家事)하고 전국으로 쏘다니기만 하고
> 누가 알아주지도 않고
> 하다못해 농사꾼들도 알아주지 않는 일이라며
> 늘 마음 상하여 살으셨지요
> 징역살이, 도발이, 현상수배, 임의연행, 구류, 즉결심판, 밀착감시, 도청, 동향보고…
> 이것 말고 내 무엇 하나 제대로 한 것이 없으니
>
> —「땅」 전반부

이 시는 시집 『그곳, 아우내강의 노을』에서 첫 시집 『나는 나의 모든 것을 사랑한다』의 투사적 삶의 이력을 상기시키는 유일한 작품이다. 하지만 '징역살이, 도발이, 현상수배…'로 점철된 그 시절은 첫 시집에서와는 아주 대조적인 방식으로 다루어진다. 이 시의 기본 정조는 속되게 말하면 '불효자는 웁니다'이고, 다른 말로 하면 '허망하고 허망한 것이 삶'이라는 아버지의 탄식으로 요약된다. 이런 눈물과 탄식을 단순히 감상주의 또는 패배주의라고 규정하는 것은 적어도 신언관의 경우에는 옳다고 하기 어렵다. 신언관처럼 정의롭게 또 진실되게 살려는 노력들이 어떻게 참담한 좌절에 이르렀는지 우리 격동의 근현대사는 너무도 뼈저리게 증명하고 있기 때문이다. 신언관의 아버지처럼 자식을 위해 헌신과 희생을 마다하지 않았던 부모 세대들의 한숨과 눈물은 어떤 경우에도 소중하게 기억되어야 하기 때문이다. 하지만 그럼에도 불구하고 이와 같은 방식의 자책(自責)의 정서에 주저앉고 말아서는 안 된다는 것도 분명하다. 물론 근거 없는 낙관주의, 터무니없는 허장성세, 관념적 급진주의가 결국 수많은 시행착오를 낳고 더 큰 환멸을 초래했던 지난날의 경험을 외면해서는 안 된다. 요컨대 과거를 철저히 반성하되 더 나은 미래를 지향하는 개혁적 관점을 결코 포기해서는 안 된다고 나는 생각한다.

이제 마지막으로 결론 삼아 신언관의 시 한 편을 더

읽고 끝내기로 하겠다. 아주 단순하면서도 높은 깨달음을 담은 소박한 작품으로서, 이 시인이 이제 신앙인으로서도 순명(順命)의 경지에 올라 땅을 바라보고 세상의 권력을 바라보고 또 자신의 삶을 바라보고 있음을 알게 한다. 이 시를 읽고 나니 이제부터 신언관에게서 진짜로 좋은 문학이 태어날 수 있으리라는 기대를 갖게 된다. 그 날이 오기를 기다린다.

땅의 주인은 땅이며
결코 내가 아니며
사는 동안 잠시
빌려 쓰는 것인데

붙박힌 땅도 그러하거늘
나뭇잎 같은 권세는
스치는 바람만도 못한데

사랑의 주인은 사랑이며
결코 내가 아니며
내 사는 동안 잠시
사랑의 혼령으로부터
감사받은 것뿐인데

–「사는 동안만이라도」 전문

그곳, 아우내강의 노을

찍은날 2015년 11월 20일
펴낸날 2015년 11월 25일
지은이 신언관
펴낸이 박몽구
펴낸곳 도서출판 시와문화
주 소 (13955) 경기 안양시 동안구 경수대로 883번길 33
비산동 꿈에그린아파트 103동 204호
전 화 (031)452-4992
E-mail poetpak@naver.com
등록번호 제2007-000005호 (2007년 2월 13일)

ISBN 978-89-94833-15-6(03810)

정 가 10,000원